JULES LEFFONDREY

VICTOR HUGO LE PETIT

PRIX : 1 FRANC

PARIS
LIBRAIRIE LÉON VANIER
19, QUAI SAINT-MICHEL, 19

1883

JULES LEFFONDREY

VICTOR HUGO

LE PETIT

PARIS
LIBRAIRIE LÉON VANIER
19, QUAI SAINT-MICHEL, 19

1883

VICTOR HUGO

LE PETIT

I

VICTOR HUGO POÈTE LYRIQUE

Esprit sans portée, ne voyant que les surfaces, n'opérant que sur des mots, dépourvu, à un degré incroyable, de tout sens esthétique, Victor Hugo a produit une poésie vide et sonore. Que l'on remue du premier au dernier les volumes de vers sortis de sa plume, on n'y rencontrera ni une pensée profonde, ni une douleur sincère, ni un enthousiasme vrai.

Ce poète, qui a subjugué deux ou trois générations, n'a ni flamme ni lumière. Un art froid et surchargé, des arrangements systématiques, des strophes pesantes, des banalités pompeuses, des répétitions superposées les unes aux autres, le luxe de la matière et l'absence de l'inspiration, à l'extérieur le bruit, à l'intérieur le néant : le voilà tel que le jugera la postérité. S'il s'élève, il se gonfle ; s'il fait le tendre et l'intime, il respire le mensonge; s'il s'érige en professeur de vertu et de générosité, il provoque plus que des sourires. Et il ne s'agit pas de distinguer entre les œuvres des diverses périodes, entre « Les Odes et Ballades » et « Les Orientales », entre « Les Voix intérieures » et « Les Contemplations », entre le premier et le cinquième volume de « La Légende des siècles ». La même nullité poétique pèse sur ce vaste ensemble; le comédien est partout, la poésie nulle part.

Il faut cependant expliquer la prodigieuse destinée de ces compositions et l'empire presque universel qu'elles ont exercé.

L'explication n'est pas longue : Victor Hugo s'est hardiment revêtu d'un sacerdoce. Le caractère le plus fondamental, le plus constant, de toute sa carrière est, en effet, une assurance formidable, l'assurance d'un interprète de Dieu. Non seulement cette attitude figurait le génie, mais elle donnait satisfaction à une faiblesse de l'époque. Les Gaulois étaient conduits par des druides, les Indous le sont encore par des brahmanes; les Français du dix-neuvième siècle avaient besoin d'un prophète. Il fallait à ce siècle malade, brisé par les commotions politiques, et prêt à s'égarer dans des folies sans nombre, un personnage dominateur, simulant l'illumination et lui parlant au nom du ciel.

Ainsi préparée par le penchant morbide de son temps, l'apparition de Victor Hugo devait être accueillie comme une révélation, et l'enthousiasme qui saluait ses débuts, né d'un mal profond, devait accompagner l'entier développement de son existence. Tout lui sera permis; les métamorphoses et les inconséquences, au lieu de le diminuer, ne serviront qu'à le grandir, et les hommes en masse verront en lui un être surnaturel, doué intellectuellement d'une éternelle jeunesse. Cette maladie mystique est si impétueuse, si aveugle, et les cerveaux qu'elle a envahis sont si lents à s'en guérir! Il en coûte, aux nations comme aux individus, de se détacher d'une vision, de renoncer à un rêve sublime, de ne plus contempler dans les cieux un astre imaginaire!

Il faut rendre à Victor Hugo cette justice qu'il a très habilement conduit sa mission prophétique et tiré successivement parti, avec une adresse consommée, des événements et des idées régnantes. L'art d'utiliser les circonstances, de leur obéir promptement, de discerner de suite les situations et les rôles les plus favorables à son ambition, ne lui a fait défaut à aucune phase de sa vie, et s'il a gravi triomphalement toutes les marches de l'Olympe, il l'a dû principalement à cette sagacité calculatrice.

Sous la Restauration, la Révolution était abhorrée; Victor Hugo l'a maudite, il l'a traitée d'impie et de sanguinaire. La religion était en honneur, il l'a glorifiée dans ses dogmes, ses symboles, ses cérémonies, ses liens avec la royauté. C'est sous le manteau de la religion qu'il s'est institué interprète du Très-Haut. Plus tard, il a jeté aux gémonies les prêtres et les rois, mais son autorité de prophète s'était fondée par la puissance du courant religieux. De cette manière, il a pu passer au camp de la libre pensée avec la tiare sacerdotale sur la tête. Cette libre pensée, il l'avait probablement jugée de longue main; il savait que, sous ses dehors d'indépendance, elle n'aspirait intérieurement qu'à vénérer et à croire. Les hommes sont toujours les mêmes, a dit souvent M. Thiers; si jamais la vérité de cet axiome s'est manifestée, c'est lorsque cinq cent mille Français sont allés rendre hommage à Victor Hugo comme au Verbe Incarné.

Dans la facture de sa poésie, Victor Hugo n'a pas montré une moindre intelligence de la crédulité humaine. Son langage était en harmonie avec son rôle transcendant; il possédait un appareil puissant, et, si l'on peut associer ces deux mots, un mécanisme d'inspiration. Victor Hugo fabriquait la véhémence et découpait les éclairs. Les grands noms prophétiques, Moïse, Isaïe, les grands noms poétiques, Homère, Eschyle, Dante, Shakespeare, revenaient continuellement sous sa plume. Il en parlait comme de ses égaux; il parlait de Jéhovah comme on en parle quand on l'a vu face à face. Il écrasait Satan, commandait aux archanges, admonestait les rois, apostrophait les éléments. Cette versification enflée, tourmentée, indigeste, répondait à l'aberration qu'elle était destinée à tenir en haleine; elle était en quelque sorte la fille d'un trouble mental répandu sur toute la France.

Il est de la nature des délires mystiques de s'accentuer avec le temps. Il s'établit une progression d'idées fantastiques et ambitieuses jusqu'à ce que la dissolution finale se produise. L'enthousiasme insensé pour Victor Hugo n'a pas échappé à cette loi; il a tendu, pendant soixante années, à se consolider, à amplifier de plus en plus ses chimères, et la réalité n'a plus servi à la conception délirante que de prétexte pour se systématiser davantage et se broder de nouvelles variations sur son thème favori. Chaque difformité a pris ainsi l'aspect d'une qualité supérieure; chaque manifestation excentrique est devenue un élan souverain. Si Victor Hugo écrivait des choses si bizarres, si incohérentes, c'était la force ascensionnelle, la fougue de son génie qui projetait les idées; mais, au milieu de ce désordre même, n'apercevait-on pas des clartés extraordinaires? N'entendait-on pas le tonnerre gronder et ne voyait-on pas la foudre sillonner la nue?

Ce n'est pas tout, le théâtre avait ses coulisses. De même que la plupart des dominations, celle de Victor Hugo ne négligeait pas les ressorts secrets. Nul n'a peut-être mieux entendu les ressources de la publicité, nul n'a mieux su la convertir en un orchestre retentissant et lancer ses ouvrages avec une meilleure organisation préalable du succès. Nul, enfin, n'a plié les hommes avec plus d'habileté et plus à leur insu, à lui servir d'instruments. Nombre de jeunes gens, à la lecture des vers de Victor Hugo, étaient saisis d'un enthousiasme indescriptible; la vocation poétique les attirait irrésistiblement, ils en rêvaient les triomphes et allaient rendre hommage au Maître, espérant partager un jour sa gloire. Bien accueillis, touchés de sa bonté paternelle et de sa considération flatteuse pour leurs essais, ils devenaient les propagateurs ardents de sa renommée. Ils se fussent immolés pour lui, et, en réalité, sans le savoir, ils s'immolaient; car il ne devait être donné à aucun d'approcher, même de loin, du but de ses rêves. Si la France avait produit deux Victor Hugo, elle n'aurait pas eu le cœur assez vaste pour les admirer tous les deux à la fois. Les infortunés ont dû se contenter du rôle de thuriféraires; quel que fût leur talent, ils ont été réduits à ramasser les miettes tombées de la table du grand homme. Jamais on n'établira le décompte de leurs déceptions et de leurs douleurs.

Telle est l'humanité ; elle se prosterne devant qui lui commande et elle déifie celui qui ose s'appeler lui-même Dieu. C'est pourquoi Victor Hugo, qui la connaît, n'a jamais reculé devant sa propre déification, laquelle n'est pas, comme on le croit communément, le produit de l'âge et de la décadence, mais un fait ancien, parvenu depuis longtemps à sa pleine maturité. La pièce fameuse *Olympio*, datée d'octobre 1835, la formule avec une arrogance superbe.

« Un jour l'ami qui reste à ton cœur qu'on déchire
Contemplait tes malheurs,
Et, tandis qu'il parlait, ton sublime sourire
Se mêlait à ses pleurs :

Te voilà donc, ô toi dont la foule rampante
Admirait la vertu,
Déraciné, flétri, tombé sur une pente
Comme un cèdre abattu !

Te voilà sous les pieds des envieux sans nombre
Et des passants rieurs,
Toi dont le front superbe accoutumait à l'ombre
Les fronts inférieurs !

. . . .

Jeune homme, on vénérait jadis ton œil sévère,
Ton front calme et tonnant ;

. . . .

Ton âme, qu'autrefois on prenait pour arbitre
Du droit et du devoir,
Est comme une taverne où chacun à la vitre
Vient regarder le soir,

. . . .

Mais, va, pour qui comprend ton âme grave et haute,
Tu n'en es que plus grand.

. . . .

En vain tes ennemis auront armé le monde
De leur rire moqueur,
Et sur les grands chemins répandu comme l'onde
Les secrets de ton cœur.

. . . .

Ils ne prévaudront pas, ces hommes qui t'entourent
De leurs obscurs réseaux,
Ils passeront, ainsi que ces lueurs qui courent
A travers les roseaux.

Ils auront bien toujours pour toi toute la haine
Des démons pour le dieu,
Mais un souffle éteindra leur bouche impure pleine
De paroles de feu.

. . . .

Ils s'évanouiront et la foule ravie
Verra d'un œil pieux
Sortir de ce tas d'ombre amassé par l'envie
Ton front majestueux! »

. . . .

Que d'enseignements à tirer de cette pièce! Celui qui t'appelle son esclave est déjà ton maître, dit une maxime latine. Olympio régnait déjà sur la France, non comme un roi sur ses sujets, mais comme un dieu sur les simples mortels.

On pourrait aussi rechercher quelle a été l'influence de pareilles productions sur la santé morale des générations qui les ont absorbées. Souvent elles ont agi comme un véritable poison. Des milliers d'hommes, s'en étant nourris pendant leur jeunesse, ont contracté pour toujours la folie de la personnalité, et, pour avoir, à l'exemple de Victor Hugo, déifié leur *moi*, ont été condamnés à une vie d'extravagances et de malheurs, jusqu'à ce que le suicide y mît fin ou que l'asile d'aliénés les recueillît.

Une strophe d'*Olympio* mérite encore d'être remarquée :

> La certitude — hélas ! insensés que nous sommes
> De croire à l'œil humain ! —
> Ne séjourne pas plus dans le cerveau des hommes
> Que l'onde dans leur main.

Il y a, dans ces vers, un ineffable sourire de finesse et d'espérance rusée, le sourire du charlatan qui ne croit pas à la constance de la raison humaine et ne désespère jamais de la corrompre à force d'astuce et d'aplomb.

II

VICTOR HUGO DRAMATURGE

La vérité est peut-être amère, mais elle s'impose : la vocation de Victor Hugo était de ne jamais écrire pour le théâtre.

Dans la poésie lyrique, il lui était possible de faire illusion. Le fracas des mots, l'entassement des métaphores, les exclamations véhémentes déguisaient la pauvreté de la pensée. Le lecteur, enivré de pathos, voyait jaillir la lumière et rayonner les flammes sinaïtiques sur le front du poète. Les vers rocailleux prenaient, dans son imagination, la splendeur du granit, les strophes martelées lui apparaissaient comme des rochers soulevés par une main titanique, le vide devenait l'infini majestueux, et le chaos des idées, le travail de la création.

L'art du dramaturge se prête moins à ces fascinations grossières. Cet art ne vit pas seulement d'apparences, mais de réalités, de magnificences vraies. Il veut dans l'action la logique et l'unité, dans les personnages la profondeur. Il abhorre surtout le faux et le plat, et repousse les grandeurs d'emprunt aussi bien que les niaises trivialités.

En un mot, il faut, au théâtre, que le poétique soit réel et que le réel soit poétique.

La dramaturgie de Victor Hugo ne pouvait donc être qu'un fatras sans nom. Incapable de toute conception profonde, il lui était interdit de développer des caractères et de combiner avec vérité les éléments d'une action. Il était fatalement condamné à ne créer que des œuvres informes et à ne mettre en scène que des paillasses et des arlequins.

Hernani peut servir de spécimen. Tout y est faux : le sujet, les situations, le dénouement, les personnages. Tous y parlent un langage ridicule, tous ont une allure de carnaval.

Comment les Français, le peuple le plus spirituel de l'univers, ont-ils pu supporter *Hernani ?* Un monarque fier entre tous, Charles-Quint, s'enfermant dans une armoire, un brigand poseur et déclamateur, et un vieil imbécile, qui, sur le point d'épouser sa pupille, lui débite cinquante à soixante vers sur les maux de la vieillesse et les charmes des jeunes femmes; cet imbécile et le brigand se mettant à comploter par amour, les mêmes personnages se retrouvant au tombeau de Charlemagne, où Charles-Quint épanche un effroyable monologue, le tout finissant par le triple suicide d'une femme et de deux hommes ; bref, une mauvaise histoire d'almanach à peu près aussi inintelligible à la lecture qu'à la représentation : voilà ce qui a été acclamé comme une rénovation littéraire !

Marion Delorme n'intéresse qu'à un point de vue : Victor Hugo y fait éclater son aversion pour Richelieu. L'homme immense, le grand fondateur de la politique française, celui qui a tracé aux destinées de la France leur orbite et brisé ses ennemis, Victor Hugo le hait. Au lieu de s'incliner devant cette haute intelligence, ce caractère héroïque et sublime (pour nous servir de l'expression de Voltaire), il le travestit, le dénigre, le salit!

Il ne faut pas s'en étonner. Que Victor Hugo, dont la grandeur est fausse, exècre Richelieu dont la grandeur est vraie, qu'il cherche à le rendre odieux, rien n'est plus naturel : le géant de stuc abhorre le dieu de marbre.

Cette haine pour Richelieu révèle autre chose : Victor Hugo ne porte pas en lui-même l'âme de la France. Il ne la connaît, ne la comprend ni dans son passé, ni dans son avenir, ni dans ses grands hommes.

Hernani et *Marion Delorme* dispensent de jeter même un coup d'œil sur les autres pièces, *Le Roi s'amuse*, *Lucrèce Borgia*, *Marie Tudor*, *Ruy Blas*, *Les Burgraves*, etc. Toutes ces œuvres se valent. Ignorance du cœur humain, absence de sens historique, des données puériles, des charpentes vicieuses, des scènes qui piétinent, des faits déraisonnables, des dialogues prolixes, du comique qui ne fait pas rire et du pathétique qui ne fait pas pleurer : rien n'y manque. Jamais la négation de tout art, de toute beauté intellectuelle n'a été poussée plus loin.

Ce qui est vraiment fabuleux, c'est l'aptitude de Victor Hugo à faire des êtres qui ne vivent pas, qui ne sont d'aucune époque, ni d'aucun lieu. Rois, reines, grands seigneurs, valets, courtisanes ont plus ou moins l'air de sautiller dans une lanterne magique, ou d'appartenir à un théâtre de pantins.

Le gouffre de l'oubli attend toute cette dramarturgie, elle s'y engloutira pour l'éternité.

Avant de l'abandonner, il est bon de s'arrêter sur *Marie*

Tudor. Le sujet en est horrible ; il s'agit d'une reine trahie qui livre son favori au supplice. Pour qu'une pareille conception fût poétique et pour qu'elle fût dramatiquement vraie, il faudrait représenter cette reine également partagée entre sa colère et son amour, entre l'orgueil de son trône et la tendresse de son cœur ; il faudrait que la détermination fatale fût le résultat d'un combat douloureux et que, presque immédiatement, une réaction de désespoir lui succédât. Cette complexité de l'âme humaine, ces conflits, ces agitations terribles, ont été dès longtemps reconnus comme l'un des fondements essentiels de la tragédie et du drame. Avec quel génie Racine a tracé le type d'Hermione si effrayant, et en même temps si féminin, si mouillé de larmes ! Shakespeare, mettant sur la scène, dans *Macbeth,* l'histoire d'un crime, s'est gardé de le peindre cynique, il l'a montré pâle et tremblant au moment décisif.

Marie Tudor, telle qu'elle est sortie du cerveau de Victor Hugo, ne connaît pas ces complications ; elle se comporte en furie, fait un étalage triomphant de sa vengeance et adresse à l'exécuteur des hautes œuvres un discours à faire frémir n'importe quel bourreau de dégoût et d'horreur.

« Approche-toi ! Je suis aise de te voir. Tu es un bon
» serviteur. Tu es vieux. Tu as déjà vu trois règnes. Il est
» d'usage que les souverains de ce pays te fassent un don,
» le plus magnifique possible, à leur avènement. Mon père,
» Henri VIII, t'a donné l'agrafe en diamant de ton man-
» teau. Mon frère, Édouard VI, t'a donné un hanap d'or
» ciselé. C'est à mon tour, maintenant. Je ne t'ai encore
» rien donné, moi. Il faut que je te fasse un présent. Ap-
» proche. (*Montrant Fabiani.*) — Tu vois bien cette tête,

» cette tête qui, ce matin encore, était ce que j'avais de
» plus beau, de plus cher et de plus précieux au monde;
» eh bien! cette tête, tu la vois bien, dis? — Je te la donne! »

Est-ce une femme, cette créature abjecte livrée à des instincts pervertis et féroces? Voilà les conceptions tragiques de Victor Hugo, les fleurs de son imagination!

Il est vrai qu'ensuite Marie Tudor revient à des sentiments un peu moins atroces. Alors elle s'écrie :

« Ah! le changement vous étonne! Ah! je ne me res-
» semble plus à moi-même! Eh bien! qu'est-ce que cela me
» fait? c'est comme cela. Maintenant je ne veux plus qu'il
» meure! »

Ce « c'est comme cela » mérite d'être rapproché du « qui te l'a dit? » d'Hermione. De Racine à Victor Hugo, quelle décadence poétique et morale!

Une circonstance heureuse vient rendre Marie Tudor moins épouvantable; comme tous les personnages de Victor Hugo et, spécialement, comme toutes ses femmes, elle ne vit pas. C'est un mannequin actionné par un mécanisme, une marionnette qui hurle.

Cette incapacité de Victor Hugo à peindre les femmes s'explique aisément : il manque d'âme; cet esprit gonflé couvre un cœur sec et froid.

Rachel n'a joué aucun rôle de Victor Hugo. Son biographe, Jules Janin (*Rachel et la Tragédie*, page 419) le déplore en ces termes : « L'abstention du seul poète qui » fût à la taille de son génie et qui eût trouvé des accents » dignes de sa voix souveraine, M. Victor Hugo, fut le » malheur de mademoiselle Rachel. » Est-ce Victor Hugo qui a manqué à Rachel ou Rachel qui a manqué à Victor

Hugo? Il est permis de supposer que, si Rachel n'a jamais paru dans une pièce de Victor Hugo, c'est qu'elle ne l'a pas voulu et qu'elle a craint de s'abaisser. Quand on est à la hauteur de *Phèdre*, on ne va pas se rouler dans *Dona Sol, Lucrèce Borgia* ou *Marie Tudor*. « Elle était faite, dit » Jules Janin, pour parler le beau et fier langage des vrais » poètes; elle était née uniquement pour réciter les beaux » vers; tout ce qui était vulgaire et déplaisant la traînait à » l'abîme; enfin, à son insu même, elle n'était heureuse et » forte, elle n'était la grande et véritable Rachel que dans » les œuvres puissantes. »

Victor Hugo avait mille fois raison de la regarder (c'est encore Jules Janin qui parle) « comme un drapeau ennemi ».

III

VICTOR HUGO ROMANCIER

Walter Scott, Balzac, George Sand, Flaubert sont des romanciers. Victor Hugo, romancier, n'existe pas.

Ce qui constitue essentiellement le roman en tant qu'œuvre d'art, c'est le charme du récit. Or, nul esprit n'est moins narratif. Lorsqu'il raconte, il perd la notion du temps ; le moment infinitésimal acquiert une durée considérable, et ce qui devrait être mouvement, scène impétueuse, succession rapide, se trouve frappé d'une immobilité mortelle.

Quant à ses descriptions, chargées d'énumérations, de mots empilés les uns sur les autres, d'antithèses baroques, de minuties brillantées, de pompes sonores, même d'érudition archéologique ou technique, elles mériteraient d'être caractérisées par ces vers de Boileau :

> Ce ne sont que festons, ce ne sont qu'astragales.
> Je saute vingt feuillets pour en trouver la fin,
> Et je me sauve à peine au travers du jardin.

Il ne peut davantage être question d'accorder à Victor Hugo le don de peindre les passions et de faire vivre ses personnages. *Notre-Dame de Paris*, le plus célèbre de ses romans, donne la mesure exacte de sa capacité à les concevoir et à les animer. Cette œuvre, visiblement empruntée d' « Ivanhoë » de Walter Scott, a l'avantage de fournir un excellent terme de comparaison entre le romancier écossais et l'écrivain français. Quelle différence ou plutôt quel abîme ! Dans le roman de Victor Hugo, le prêtre luxurieux a remplacé le fier templier, et les sauts de la bohémienne Esméralda, la grandeur morale de Rebecca. L'impuissance de Victor Hugo à composer un type, c'est-à-dire un caractère formant un ensemble, une totalité vivante, éclate là avec la dernière évidence ; sous l'abus du pittoresque, se trahit continuellement, même dans ses principaux personnages, la pauvreté de la donnée première, et l'intérêt ne parvient pas à s'éveiller, parce que l'âme est absente. Les personnages accessoires du même roman, tels que Gringoire, Phœbus et quelques autres, sont de plates caricatures. Reste Quasimodo, dont personne ne disputera l'invention à Victor Hugo. Il a créé Quasimodo ; avant lui, Dieu avait fait l'homme à son image.

On pourrait établir un long parallèle entre Walter Scott et Victor Hugo, mais il répugne trop de comparer le conteur intuitif, qui a reconstitué la vie des siècles passés, avec le soi-disant romancier à décors, à anecdotes et à trucs.

Ce système de composition au moyen d'anecdotes et de trucs atteint son apogée dans *Les Misérables ;* ils en sont un aggloméré. Entre ce roman, saturé d'impossibilités et de burlesque, et les romans des maîtres, il y a la même distance qu'entre les organismes supérieurs et un polypier informe.

Il faut, pour y arriver, descendre de nombreux degrés dans l'échelle de l'art et toucher aux frontières de sa dissolution.

Cependant ce roman a un côté sérieux, tristement sérieux. On y voit percer, sous la fausse mansuétude, une préoccupation singulière, celle d'exciter les haines de classe. Le livre entier en porte l'empreinte, et quelques incidents anecdotiques la révèlent avec une acuité significative. En voici deux, puisés dans le premier volume : Victor Hugo invente un magistrat qui, pour arracher à une femme la délation du crime de son amant, suppose frauduleusement l'infidélité de celui-ci, et parvient, avec des fragments de lettres savamment présentés, à persuader à la malheureuse qu'elle avait une rivale et que son amant la trompait. Plus loin, on lit le récit d'un infortuné condamné à cinq ans de galères, pour avoir volé un pain destiné à empêcher ses sept enfants de mourir de faim.

Le but que Victor Hugo a poursuivi en déversant sur la magistrature et la justice françaises, un mépris inique est facile à définir : régner à tout prix, même sur la haine. Il peut compter sur la reconnaissance des mauvaises passions; lorsque sa gloire de poète sera, depuis longtemps, tombée dans l'oubli, elles encenseront encore sa mémoire.

Le style de *Notre-Dame de Paris* et des *Misérables* exigerait une étude spéciale. Il faudrait d'ailleurs un livre entier pour dresser le tableau des altérations que Victor Hugo a fait subir à notre langue. Jamais, dans l'histoire du monde, la langue d'aucun peuple n'a subi pareille impulsion destructive. Cette impulsion, propagée en tous sens avec une activité contagieuse, multipliée par l'entraînement public et par les excès de l'imitation, a porté ses effets jusqu'au cœur de notre vie intellectuelle. Sous l'influence de Victor Hugo, la hiérarchie du langage a été bouleversée, les mots comme les idées ont perdu leur rang, la phrase même s'est désorganisée. A lui revient la principale responsabilité de la décadence de notre langue. Cette décadence, assurément, n'est pas irrémédiable; nous avons l'esprit trop actif et trop d'orgueil national pour nous y résigner. Mais, pour que le français, aujourd'hui battu en brèche par l'anglais et l'allemand, recouvre son ancienne prépondérance, d'immenses efforts seront nécessaires. Que la France ne l'oublie pas! elle a des ravages à réparer et des ruines à relever.

Victor Hugo n'a-t-il jamais, dans ses romans, fait quelques rencontres heureuses? Il faut être impartial; il amuse parfois le lecteur. Il a même fait preuve dans la peinture des scènes d'ivrognerie, d'une véritable originalité et a remarquablement su faire parler les gens ivres. Peut-être y a-t-il, entre le chaos d'idées, la cacophonie bavarde de l'ivrogne et l'esprit déréglé de Victor Hugo, une affinité secrète qui explique sa supériorité dans cet ordre de conceptions.

IV

VICTOR HUGO ET LA LITTÉRATURE ALLEMANDE

Il en coûte parfois à notre vanité française de se faire un aveu. Victor Hugo est-il un poète original? Représente-t-il au moins l'originalité intellectuelle de la France?

Hélas! non, il est un simple imitateur de l'étranger, plus particulièrement de l'Allemagne.

Dans les premières années de la Restauration, la littérature allemande, portée aux nues par madame de Staël, avait envahi la France. Si les Français avaient été plus clairvoyants, plus capables de pénétrer les choses du dehors, ils en auraient promptement discerné le caractère inférieur. Mais les Français, crédules, faisaient à la nouvelle littérature un accueil d'autant plus sympathique qu'on leur criait d'outre-Rhin, avec une amertume injurieuse, que la leur était mesquine, conventionnelle, sans inspiration, sans vérité.

L'histoire de cette littérature sera faite un jour avec impartialité. Que valent Gœthe et Schiller? L'avenir les jugera et fera probablement justice de leur prétention d'égaler Homère, Pindare, Sophocle et Shakespeare.

Toutefois, il est difficile de s'expliquer leur vogue en France. *Faust*, si vanté, n'est, au fond, qu'un groupement de petits tableaux de genre, de petites scènes bourgeoises. Un vieux libertin séduit une jeune maraîchère par des flatteries et des cadeaux, il passe la nuit avec elle après lui avoir fait endormir sa tante au moyen d'un narcotique, puis, l'ayant rendue mère, il l'abandonne. Voilà *Faust*; débarrassé de son verbiage philosophique, il se réduit à un procès d'infanticide. Les Allemands aperçoivent dans ce poème des profondeurs incalculables et des beautés sans nombre; tous les problèmes de la nature humaine y seraient résolus, et, en fait de perfection poétique, la Grèce n'aurait rien produit de plus exquis. Nous nous sommes empressés de nous faire les échos de la vanterie allemande et de nous passionner pour une œuvre qui a sans doute du charme dans les détails, mais aussi de l'immoralité et de la bassesse. Ce séducteur qui se procure une satisfaction en administrant préalablement une drogue à une vieille femme, est peut-être un Allemand, certainement ce n'est pas un Français.

Il est de règle absolue, en Allemagne, d'appeler Gœthe « le poète universel ». Jamais l'idolâtrie publique et le dogmatisme des commentateurs n'ont inventé une dénomination plus extravagante et plus mal appliquée; car, au lieu d'éprouver à la lecture de Gœthe une impression d'universalité, on sent, au contraire, le champ visuel de l'esprit se rétrécir. Aucun poète n'a moins vu les choses de haut et n'a moins embrassé de vastes horizons.

L'afféterie est caractéristique de Gœthe; ses femmes sont d'aimables poupées, et ses grâces artificielles produisent une sensation de malaise. Il s'en dégage une odeur fétide, le parfum d'une corruption qui fait la raffinée. Weimar, le lieu où il a vécu, divinisé et adoré, était un petit foyer de putréfaction. Cette ville passe, aux yeux des Allemands, pour avoir été, au commencement du siècle, un Eden esthétique, une Athènes en pleine floraison. Nous autres Français, nous avons, à notre tour, célébré Weimar, et nous nous sommes abaissés jusqu'à nous occuper... des maîtresses de Gœthe.

Quant à Schiller, c'est le beau, le magnifique simulateur ; c'est le fascinateur allemand avec ses effusions de tendresse et ses expansions de générosité ; c'est le mensonge aux ailes brillantes ; c'est le trompeur éblouissant, feignant de ne vivre que pour l'idéal, l'amitié, l'amour, la liberté. C'est de plus, en vers comme en prose, un rhéteur bruyant et un esprit faux. Pour le juger, il suffit de voir représenter sa *Jeanne d'Arc*. On se demande avec stupeur comment l'héroïne française a pu être ainsi défigurée, transformée en une alcoolique ou une maniaque qui, dans un accès de délire aigu, déclamerait des torrents de paroles. La scène où elle devient subitement amoureuse d'un Anglais, est digne d'une opérette d'Offenbach. Si tous les drames de Schiller ne ressemblaient plus ou moins à sa *Jeanne d'Arc,* si tous ses personnages n'étaient taillés sur le même patron, on serait tenté de croire qu'au moment où il la composait, il vivait en mauvaise compagnie.

Gœthe et Schiller ont été déifiés de leur vivant ; les professeurs, dans leurs chaires, enseignaient à la jeunesse enthousiasmée que l'Allemagne possédait deux génies immortels. Pour Gœthe, qui a vécu très longtemps, la déification passait toutes les bornes ; on allait à Weimar, comme en Grèce, on serait allé consulter l'oracle de Delphes.

Victor Hugo, fils de la littérature allemande, ressemble trait pour trait à sa mère. Ce rôle sacerdotal, ces attitudes de révélateur, cet art de s'élever dans les airs et de montrer aux hommes les voies de l'avenir, ces fausses grandeurs et ces fausses sublimités, descendent en droite ligne de l'étalage et du fracas de Schiller. De même que son modèle allemand, Victor Hugo joue la comédie d'une âme illuminée, d'un cœur débordant de sentiments magnanimes ; il voudrait embrasser le monde entier. Tous deux figurent l'inspiré ; à les écouter, les vers s'élanceraient du plus profond de leur être, comme des coulées de lave du sein de la terre. Si l'on y regarde de près et que l'on compare les odes de Schiller à celles de Victor Hugo, on reconnaîtra bien vite un produit similaire. Ce produit, évidemment, ne provient pas d'un volcan en éruption ; il est l'œuvre factice de l'industrie. Il faut ajouter que, pour Victor Hugo du moins, il a constitué un merveilleux article de commerce et que jamais métal inférieur n'a mieux été changé en or.

La dramaturgie de Victor Hugo est, aussi, une imitation de celle de Schiller. Celui qui a fait *Hernani* venait évidemment de lire *les Brigands* et *Don Carlos ;* il en avait la tête remplie. Cette imitation n'est pas spéciale à *Hernani*, tout le théâtre de Victor Hugo en est imprégné ; elle s'y manifeste continuellement et sous de multiples aspects : dans les scènes désordonnées, dans la marche illogique du drame, dans les incidents puérils, dans l'emphase des sentiments, dans le dialogue surmené, verbeux, flasque, plein de hors-d'œuvre pédants, dans l'absence chez tous les personnages de la vie réelle, remplacée par une loquacité intempérante et par une agitation fébrile et mensongère.

Certes, pour créer la signora Lucrezia et Marie Tudor, il fallait avoir lu Schiller ; il fallait avoir oublié la France et n'avoir jamais étudié une femme française.

L'imitation de Gœthe a, sans doute, dans les œuvres de Victor Hugo, une part moins importante que celle de Schiller. Cependant, que l'on considère ces jolies fadeurs semées dans les romans de Victor Hugo, que l'on rapproche Esméralda de Mignon, que l'on examine les sentimentalités, les affectations, les fausses grâces naïves qui pullulent dans ses écrits, on verra son originalité prétendue achever de se dissoudre. Ses petites ballades sont également des bluettes de Gœthe accommodées à la française, et les *Orientales* rappellent le *Divan* du même auteur. Elles rappelleraient plus encore les poésies de lord Byron si ce n'était une différence capitale : lord Byron s'est emparé des couleurs et de la magie de l'Orient ; Victor Hugo, poète, n'est pas même arrivé aux bords de la Méditerranée.

Mais ce que Victor Hugo a le plus habilement emprunté à Gœthe, c'est l'art de s'installer sur un trône et de mystifier le genre humain. Gœthe lui a appris comment on devenait un monarque, il y a plus, un Jupiter. Victor Hugo, s'appropriant une comédie qu'il n'avait pas inventée, a importé en France la représentation olympienne de Gœthe à Weimar ; avec moins de prudence, moins de précaution, il faut bien le dire, car peut-être il mourra plutôt au bas de la Roche Tarpéïenne qu'au sommet du Capitole.

Cette assimiliation de procédés et mystères germaniques pourrait s'expliquer par une cause ethnologique. Victor Hugo est certainement un Germain. Lui-même se proclame tel dans ces vers :

> C'est moi qui me tairais ! moi qu'enivrait naguère
> Mon nom saxon, mêlé parmi des cris de guerre!
>
> (*Odes et Ballades*, Livre III, Ode 7.)

Ses confidences généalogiques n'impliquent pas moins, de sa part, la croyance à son origine germanique.

Effectivement, cette origine se révèle dans toute sa personne et dans toute sa carrière. Victor Hugo, pendant sa longue existence, s'est comporté comme se comporterait un Allemand envers des Français. Plus dissimulé que le Français, plus capable de gouverner ses apparences et de se composer fortement un rôle, plus dévoué à son égoïsme et sachant ne pas s'en distraire, l'Allemand excelle à le fasciner et à l'aveugler. Il le sait impressionnable, confiant, irréfléchi ; il sait que, malgré sa pétulance, il se laisse dominer et que celui qui veut être son maître parvient presque infailliblement à le devenir, s'il a le moral de la domination et s'il sait lui déguiser la chaîne. L'instinct, la conscience germaniques, agissant dans l'âme de Victor Hugo, lui ont de bonne heure révélé ses destinées et lui ont dit : « Tu seras roi. » Obéissant à cette voix, il s'est mis résolument à l'œuvre ; il a appelé à son secours les nuées germaniques, c'est-à-dire les illusions magnifiques, les supercheries audacieuses, les prestiges grandioses, et il a régné sur la France.

C'est le même instinct qui lui a commandé de vomir l'injure à la Révolution, puis de lâcher la Restauration pour la monarchie de Juillet, et, ensuite, de se faire républicain outré. Savoir se mettre du côté du manche, c'est bien la sagesse du Germain. A travers son dévergondage poétique et prosaïque, Victor Hugo est un Allemand madré.

V

VICTOR HUGO HOMME POLITIQUE

Placé au-dessus de la condition humaine, Victor Hugo est devenu complètement impeccable. La soumission générale lui a reconnu le privilège de ne relever que de sa propre conscience. Il a le droit de briser ses idoles et d'encenser l'hydre de la veille sans rien perdre de son prestige. Ses variations ne sont pas les chutes d'un homme, mais les incarnations successives d'un dieu. Le gigantesque l'a soustrait au ridicule.

S'il en était autrement, on ne comprendrait pas la carrière politique de Victor Hugo. Cette carrière n'est qu'une saturnale romantique : on n'y trouve rien, si ce n'est l'impudence et la pose.

Oui, la pose est l'âme de cette vie, l'être même de Victor Hugo. Et ce n'est pas la pose réservée, discrète, craignant de se prodiguer ; c'est la pose à l'état d'artifice permanent, de force inépuisable, la pose héroïque, herculéenne, qui ne laisse jamais échapper une occasion et ne recule devant aucun labeur. Il faut envahir les imaginations, accaparer l'attention des peuples, s'avancer au loin comme un promontoire colossal dans l'océan de la crédulité publique.

A cette pose, tout est bon : un grand événement comme un deuil de famille. Elle a la variété de la scène du monde, l'activité infatigable de la lutte, l'ardeur du steeple-chase de la puissance et de la gloire.

A toute époque, Victor Hugo a posé. Il a posé sous la Restauration et sous la monarchie de Juillet, à la Chambre des Pairs et dans les Assemblées de 1848. Il posera encore après sa mort, et, au jugement dernier, ira poser devant l'Éternel.

C'est surtout à Jersey et à Guernesey que Victor Hugo a posé. Il s'y drapait en Prométhée enchaîné sur le Caucase, ou en saint Jean retiré à Pathmos. On l'appelait « l'auguste exilé », et la France semblait veuve de l'orgueilleux absent, que l'éloignement grandissait. Il adressait alors à l'Italie, à l'Espagne, à l'Amérique, à la Pologne, à Garibaldi, des morceaux d'un style apocalyptique destinés à précipiter les mouvements du genre humain dans les deux hémisphères. Et, au son de ces odes en prose, les cœurs éprouvaient un frémissement sacré : Dieu parlait à Moïse ou à saint Jean, qui parlait à son tour à l'univers.

Victor Hugo pose à la fois l'égalitaire et le noble de vieille roche, et les deux poses coexistent sans se contrarier. Les démocrates ne rougissent pas du mensonge nobiliaire; ils seraient charmés que Victor Hugo passât pour un aristocrate authentique et que sa prétention d'être l'arrière-petit-neveu de Hugo, évêque de Ptolémaïs (*Les Misérables*, t. Ier, V), fût agréée par la complaisance de ses lecteurs.

Poète, dramaturge, romancier, Victor Hugo n'a créé que des poseurs. Jéhovah, dans ses strophes, a l'air de poser aussi bien qu'Olympio.

Si la République sombrait, Victor Hugo cesserait-il de poser? Non; impassible, il ne décommanderait pas le banquet organisé le matin même, et, se mettant à table, dirait d'une voix attendrie : « Nous parlerons d'elle. » Puis, il écrirait sur la République tombée avec le même sang-froid qu'il éparpille sa vie privée aux quatre vents de l'horizon.

Cette bonne République n'est pas difficile, il faut l'avouer. Elle s'accommode des restes de Louis XVIII et de Charles X, de Louis-Philippe et même de Louis-Napoléon Bonaparte. C'est, comme on le sait, le refus de ce dernier d'accorder à Victor Hugo le ministère des Affaires étrangères (d'autres disent le ministère de l'Instruction publique) sollicité par lui, et non le culte de la liberté républicaine, qui a fait éclore cette haine furieuse, implacable, célébrée comme l'expression spontanée et épique du droit outragé. Il n'eût dépendu que du prince, plus prévoyant, de le compter parmi les appuis de son pouvoir naissant et les coopérateurs de son avènement impérial. Au lieu des colères de *Napoléon le Petit* et de la rage des *Châtiments*, il aurait été accablé d'hymnes et de dithyrambes, et, malgré Cayenne et Lambessa, le Deux-Décembre aurait eu le même poète que le sacre de Charles X.

Victor Hugo peut dire à la République :

Et ton amour m'a fait une virginité.

Ce vers impur est, au cas particulier, d'une vérité saisissante.

VI

VICTOR HUGO ET MAHOMET

La force qui a créé Victor Hugo, l'affirmation audacieuse, dominatrice, a opéré bien des merveilles dans l'histoire du monde. Avant Victor Hugo, elle a fait Mahomet.

Mahomet est un précurseur de Victor Hugo.

Entre les prestiges de Victor Hugo et ceux de Mahomet, la similitude est, en effet, frappante : même assurance, même emphase, même simulation prophétique, même succès prodigieux.

Mahomet annonce aux Arabes qu'il est l'envoyé de Dieu. Victor Hugo persuade aux Français qu'il est le phare de l'humanité.

Le musulman n'admet pas que le Coran soit comparé à n'importe quel livre. Les fidèles de Victor Hugo ne croient pas que la pensée humaine se soit jamais élevée à la même hauteur.

Le rapprochement entre les deux superstitions mériterait d'être étudié à fond. Qui n'a remarqué, en Algérie, l'accent inspiré avec lequel les Arabes prononcent le nom de Mahomet? De même, les vrais admirateurs de Victor Hugo ne prononcent jamais son nom qu'avec une exaltation *sui generis*. On dirait qu'au moment où ils s'écrient : « Victor Hugo ! », un torrent d'idées sublimes afflue en eux et les transporte dans une sphère supérieure. Victor Hugo, c'est la lumière, la vie, l'espace avec son immensité, le ciel avec ses myriades d'étoiles. Quelques-uns sont allés jusqu'à le considérer comme une force de la nature et à mettre sa poésie, cette poésie brutale et mécanique, sur la même ligne que les grands mouvements de l'Océan ou les commotions du globe terrestre. Qui nie Victor Hugo, nie l'éclat du soleil; qui ne le comprend pas est un être infirme, un homme en décadence, ou un envieux dégradé.

Lequel, de Victor Hugo ou de Mahomet, a fait les choses les plus étonnantes? Il faut être juste et attribuer la palme à Victor Hugo.

Mahomet a ébloui des barbares ignorants. Victor Hugo, en plein dix-neuvième siècle, au milieu d'un âge de scepticisme et de science positive, a obligé les hommes à croire en lui et à se soumettre à sa parole. L'absolu religieux était détruit; il l'a reconstitué dans sa propre personne. Il a donc surpassé Mahomet, et il est équitable de lui accorder au moins les mêmes hommages et les mêmes immunités.

Si Victor Hugo avait été polygame, ce fait paraîtrait divin à ses admirateurs, et ses concubines, comme jadis celles du prophète arabes seraient saintes à leurs yeux. Bien loin de jeter le voile sur ses écarts, ils les célébreraient comme des évolutions de son génie. Ils établiraient même un lien entre les passions exubérantes du grand homme et la fécondité de son cerveau; ils verraient une preuve de la vitalité de son intelligence dans la pluralité de ses amours, et ils enterreraient ses maîtresses avec plus de respect que sa femme légitime, s'ils pensaient qu'il les a mieux aimées.

FIN

F. Aureau. — Imprimerie de Lagny.

www.ingramcontent.com/pod-product-compliance
Ingram Content Group UK Ltd.
Pitfield, Milton Keynes, MK11 3LW, UK
UKHW022142260726
13993UKWH00005B/2097

9 782019 948634